CÓMO REZAR EL SANTO ROSARIO

1. Breve historia del Santo Rosario.................2
   a. Santo Domingo de Guzmán......................2
   b. Virgen de Fátima...............................3
   c. Promesas.....................................5
2. Reconocemos las partes del rosario.............6
3. Misterios..7
4. Guía rápida para rezar el Santo Rosario.........28
   a. Señal de la cruz..............................28
   b. Credo..28
   c. Padre nuestro................................29
   d. Ave María....................................29
   e. Gloria.......................................29
   f. Misterios....................................30
   g. Salve..31
   h. Oración final................................32
   i. Extra: Letanía Lauretana.....................33
5. Rosario con reflexión sobre los misterios......37
6. Otros tipos de rosarios
   a. Rosario Misionero............................70
   b. Rosario de ofrecimiento y petición personal.......80
   c. Rosario para para pedir virtudes.............90
   d. Rosario para difuntos........................99
   e. Rosario de los 7 dolores de la Virgen María.......108

BREVE HISTORIA DEL SANTO ROSARIO

Santo Domingo de Guzmán

Cuenta la Historia que un día, a finales del siglo XII, Santo Domingo de Guzmán sufría mucho al ver que los pecados de la gente estaban impidiendo su conversión, por lo que decidió ir al bosque a rezar. Estuvo en oración tres días y tres noches haciendo penitencia y flagelándose hasta perder el sentido. En este momento, se le apareció la Virgen con tres ángeles y le dijo que la mejor arma para convertir a las almas duras no era la flagelación, sino el rezo de su rosario.

2

Virgen de Fátima

Desde la primera de sus apariciones, ocurrida el 13 de mayo de 1917 en Portugal, la Virgen de Fátima reveló a los tres pastorcitos con un aspecto muy triste: "Rezad, rezad mucho y haced sacrificios por los pecadores, porque muchas almas van al Infierno por no tener quién se sacrifique y rece por ellas".

Luego el 13 de octubre, última aparición, reveló: "Soy la Virgen del Rosario. Deseo que continuéis rezando el Rosario todos los días. La guerra va a acabar y los soldados volverán a sus casas". Luego dijo: "Es preciso que los hombres se enmienden, que pidan perdón de sus pecados. Que no ofendan más al Señor, que ya está demasiado ofendido".

Promesas al rezar frecuentemente y con devoción:

1. "Prometo mi especial protección".
2. "Recibirá gracias poderosísimas".
3. "Destruirá los vicios, el pecado y abatirá las herejías".
4. "Obtendrá la más abundante misericordia de Dios".
5. "No será oprimido por las adversidades".
6. "No será castigado por la justicia de Dios: se convertirá si es pecador, crecerá en gracia si es justo y será hecho digno de la vida eterna".
7. "No morirán sin sacramentos".
8. "Encontrarán la luz de Dios y la plenitud de sus gracias".
9. "Libraré del purgatorio a las almas devotas".
10. "Gozarán de una gran gloria en el cielo".
11. "Todo lo que se pida será obtenido".
12. "Serán socorridos por mí en cada una de sus necesidades".
13. "Tendrán como hermanos en la vida y en la muerte a los santos del cielo".
14. "Serán todos hijos míos amadísimos, hermanos y hermanas de Jesús".
15. "La devoción a mi Santo Rosario es un gran signo de predestinación".

RECONOCEMOS LAS PARTES DEL ROSARIO

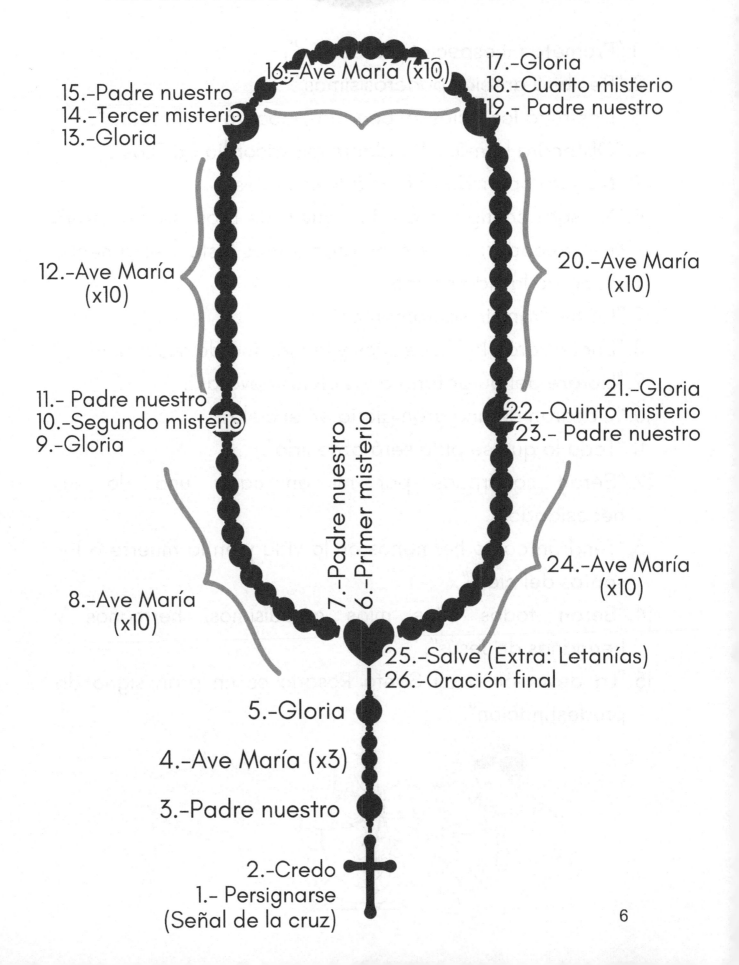

16.-Ave María (x10)

17.-Gloria
18.-Cuarto misterio
19.- Padre nuestro

15.-Padre nuestro
14.-Tercer misterio
13.-Gloria

12.-Ave María
(x10)

20.-Ave María
(x10)

11.- Padre nuestro
10.-Segundo misterio
9.-Gloria

21.-Gloria
22.-Quinto misterio
23.- Padre nuestro

7.-Padre nuestro
6.-Primer misterio

24.-Ave María
(x10)

8.-Ave María
(x10)

25.-Salve (Extra: Letanías)
26.-Oración final

5.-Gloria

4.-Ave María (x3)

3.-Padre nuestro

2.-Credo
1.- Persignarse
(Señal de la cruz)

LOS MISTERIOS

Los misterios del Rosario son una serie de eventos significativos en la vida de Jesucristo y la Virgen María.

El Rosario es una oración que implica la repetición de secuencias de Avemarías y Padrenuestros, mientras se meditan estos misterios.

Hay cuatro conjuntos de misterios, cada uno con cinco episodios, lo que suma un total de veinte misterios. Estos misterios se dividen en cuatro categorías y se asignan a cada día de la semana:

LUNES Y SÁBADO

- Misterios **Gozosos**: Estos misterios se centran en los eventos alegres en la vida de Jesús y María.

MARTES Y VIERNES

- Misterios **Dolorosos**: Estos misterios se enfocan en los momentos dolorosos y de sufrimiento de Jesús.

MIÉRCOLES Y DOMINGO

- Misterios **Gloriosos**: Estos misterios celebran la resurrección y la gloria de Jesús.

JUEVES

- Misterios **Luminosos** (agregados por el Papa Juan Pablo II en 2002): Estos misterios se centran en la vida pública de Jesús y su enseñanza.

El lunes y sábado, medite los misterios gozosos

Primer Misterio:

La anunciación del ángel Gabriel a María

(Luc 1:26-38)

Segundo Misterio:

La visita de María a su prima Isabel

(Luc 1:39-56)

Tercer Misterio:

El nacimiento de Nuestro Señor

(Luc 2:1–21)

Cuarto Misterio :

La presentación de Nuestro Señor en el Templo

(Luc 2:22-38)

Quinto Misterio:

El niño perdido y hallado en el Templo

(Luc 2:41-52)

El martes y viernes, medite los misterios dolorosos

Primer Misterio:

La agonía de Nuestro Señor en el jardín

(Mat 26:36-56)

Segundo Misterio:

La flagelación de Nuestro Señor

(Mat 27:26)

El martes y viernes, medite los misterios dolorosos

Tercer Misterio:

La coronación de espinas

(Mat 27:27-31)

Cuarto Misterio:

Nuestro Señor carga la cruz al Calvario

(Mat 27:32)

El martes y viernes, medite los misterios dolorosos

Quinto Misterio:

Jesús muere en la cruz

(Mat 27:33-56)

Los miércoles y domingo, medite los misterios gloriosos

Primer Misterio:

La resurrección de Nuestro Señor

(Jn 20:1-29)

Los miércoles y domingo, medite los misterios gloriosos

Segundo Misterio:

La ascensión de Nuestro Señor al cielo

(Lúc 24:36–53)

Los miércoles y domingo, medite los misterios gloriosos

Tercer Misterio:
La venida del Espíritu Santo
(Actos 2:1-41)

Los miércoles y domingo, medite los misterios gloriosos

Cuarto Misterio:

La asunción de la Virgen María

Los miércoles y domingo, medite los misterios gloriosos

Quinto Misterio:

La coronación de María como reina del cielo y de la tierra

Primer Misterio:

El Bautismo del Señor.

(Lc 1, 26-31)

Segundo Misterio:

Las Bodas de Caná.

(Jn 2,1–11)

Tercer Misterio:

El anuncio del Reino.

(Mc 1-14-15)

Los jueves, medite los misterios luminosos

Cuarto Misterio:
La transfiguración del Señor.
(Mc 9,1-10)

Quinto Misterio:

La Institución de la Eucaristía.

(Mc 14, 12-25)

GUÍA RÁPIDA PARA REZAR EL SANTO ROSARIO

INICIO

1.-Persignarse

En el nombre del Padre, y del Hijo, y del Espíritu Santo. Amén

2.- Credo

Creo en Dios, Padre todopoderoso, creador del Cielo y de la Tierra. Creo en Jesucristo su único Hijo, Señor Nuestro, que fue concebido por obra y gracia del Espíritu Santo; nació de Santa María Virgen; padeció bajo el poder de Poncio Pilato; fue crucificado, muerto y sepultado; descendió a los infiernos; al tercer día resucitó de entre los muertos; subió a los cielos y está sentado a la derecha de Dios Padre; desde allí ha de venir a juzgar a vivos y muertos. Creo en el Espíritu Santo, la Santa Iglesia Católica, la comunión de los Santos el perdón de los pecados la resurrección de la carne y la vida eterna.

3.-Padre nuestro

Padre nuestro, que estás en el cielo.

Santificado sea tu nombre.

Venga tu reino.

Hágase tu voluntad en la tierra como en el cielo.

Danos hoy nuestro pan de cada día.

Perdona nuestras ofensas, como también

nosotros perdonamos a los que nos ofenden.

No nos dejes caer en tentación y líbranos del mal.

4.-Ave María (x3)

Dios te salve, María.

Llena eres de gracia: El Señor es contigo.

Bendita eres entre todas las mujeres.

Y bendito es el fruto de tu vientre: Jesús.

Santa María, Madre de Dios, ruega por nosotros

pecadores, ahora y en la hora de nuestra muerte.

5.-Gloria

Gloria al Padre, al Hijo y al Espíritu Santo.

Como era en el principio, ahora y siempre, por

los siglos de los siglos.

6.-Misterios

- **LUNES Y SÁBADO Misterios Gozosos:**
    - 1° La anunciación del ángel Gabriel a María
    - 2° La visita de María a su prima Isabel
    - 3° El nacimiento de Nuestro Señor
    - 4° La presentación de Nuestro Señor en el Templo
    - 5° El niño perdido y hallado en el Templo
- **MARTES Y VIERNES Misterios Dolorosos:**
    - 1° La agonía de Nuestro Señor en el jardín
    - 2° La flagelación de Nuestro Señor
    - 3° La coronación de espinas
    - 4° Nuestro Señor carga la cruz al Calvario
    - 5° Jesús muere en la cruz
- **MIÉRCOLES Y DOMINGO Misterios Gloriosos:**
    - 1° La resurrección de Nuestro Señor
    - 2° La ascensión de Nuestro Señor al cielo
    - 3° La venida del Espíritu Santo
    - 4° La asunción de la Virgen María
    - 5° La coronación de María como reina del cielo
    - y de la tierra
- **JUEVES Misterios Luminosos:**
    - 1° El Bautismo del Señor.
    - 2° Las Bodas de Caná.
    - 3° El anuncio del Reino.
    - 4° La transfiguración del Señor.
    - 5° La Institución de la Eucaristía.

Se repiten 5 ciclos de 1 Padre nuestro, 10 Avemarías y 1 Gloria por cada uno de los misterios.

(Es importante seguir el orden de las cuentas del rosario como se observa en la imagen inicial "Reconocemos las partes del rosario")

7.- Salve

Dios te salve, Reina y Madre, madre de misericordia, vida, dulzura y esperanza nuestra, Dios te salve. A ti llamamos los desterrados hijos de Eva. A ti suspiramos gimiendo y llorando en este valle de lágrimas.

Ea, pues, Señora, abogada nuestra: vuelve a nosotros esos tus ojos misericordiosos.

Y después de este destierro, muéstranos a Jesús, fruto bendito de tu vientre.

¡Oh clemente, oh piadosa, oh dulce Virgen María!. Ruega por nosotros, Santa Madre de Dios, para que seamos dignos de alcanzar las promesas de nuestro Señor Jesucristo.

8.-Oración final

Bajo tu amparo nos acogemos, Santa Madre de Dios; no desprecies las oraciones que te hacemos en nuestra necesidad.

Antes bien, líbranos de todos los peligros, ¡oh Virgen Gloriosa y Bendita!.

Ruega por nosotros Santa Madre de Dios.
Para que seamos dignos de alcanzar las divinas gracias y promesas de nuestro Señor Jesucristo.

Señor, concede a tus hijos gozar siempre de completa salud de alma y cuerpo; y por la intercesión de la gloriosa siempre Virgen María, líbranos de las tristezas de esta vida y concédenos disfrutar de las alegrías eternas.
Por Jesucristo nuestro Señor.

En el Nombre del Padre, del Hijo y
del Espíritu Santo. Amén

EXTRA: Letanía Lauretana

Señor, ten piedad, Señor, ten piedad.

Cristo, ten piedad, Cristo, ten piedad.

Señor, ten piedad, Señor, ten piedad.

Cristo, óyenos. Cristo, óyenos.

Cristo, escúchanos. Cristo, escúchanos.

Dios, Padre celestial, Ten piedad de nosotros.

Dios, Hijo, Redentor del mundo, Ten piedad de nosotros.

Dios, Espíritu Santo, Ten piedad de nosotros.

Santísima Trinidad, que eres un solo Dios, Ten piedad de nosotros.

Santa María, Ruega por nosotros.

Santa Madre de Dios, Ruega por nosotros.

Santa Virgen de las Vírgenes, Ruega por nosotros.

Madre de Cristo, Ruega por nosotros.

Madre de la Iglesia, Ruega por nosotros.

Madre de la Misericordia, Ruega por nosotros.

Madre de la divina gracia, Ruega por nosotros.

Madre de la Esperanza, Ruega por nosotros.

Madre purísima, Ruega por nosotros.

Madre castísima, Ruega por nosotros.

Madre siempre virgen, Ruega por nosotros.

Madre inmaculada, Ruega por nosotros.

Madre amable, Ruega por nosotros.

Madre admirable, Ruega por nosotros.

Madre del buen consejo, Ruega por nosotros.

Madre del Creador, Ruega por nosotros.

Madre del Salvador, Ruega por nosotros.

Madre de misericordia, Ruega por nosotros.

Virgen prudentísima, Ruega por nosotros.

Virgen digna de veneración, Ruega por nosotros.

Virgen digna de alabanza, Ruega por nosotros.

Virgen poderosa, Ruega por nosotros.

Virgen clemente, Ruega por nosotros.

Virgen fiel, Ruega por nosotros.

Espejo de justicia, Ruega por nosotros.

Trono de la sabiduría, Ruega por nosotros.

Causa de nuestra alegría, Ruega por nosotros.

Vaso espiritual, Ruega por nosotros.

Vaso digno de honor, Ruega por nosotros.

Vaso de insigne devoción, Ruega por nosotros.

Rosa mística, Ruega por nosotros.

Torre de David, Ruega por nosotros.

Torre de marfil, Ruega por nosotros.

Casa de oro, Ruega por nosotros.

Arca de la Alianza, Ruega por nosotros.

Puerta del cielo, Ruega por nosotros.

Estrella de la mañana, Ruega por nosotros.

Salud de los enfermos, Ruega por nosotros.

Refugio de los pecadores, Ruega por nosotros.

Ayuda y consuelo de los migrantes, Ruega por nosotros.

Consoladora de los afligidos, Ruega por nosotros.

Auxilio de los cristianos, Ruega por nosotros.

Reina de los Ángeles, Ruega por nosotros.

Reina de los Patriarcas, Ruega por nosotros.

Reina de los Profetas, Ruega por nosotros.

Reina de los Apóstoles, Ruega por nosotros.

Reina de los Mártires, Ruega por nosotros.

Reina de los Confesores, Ruega por nosotros.

Reina de las Vírgenes, Ruega por nosotros.

Reina de todos los Santos, Ruega por nosotros.

Reina concebida sin pecado original, Ruega por nosotros.

Reina asunta a los Cielos, Ruega por nosotros.

Reina del Santísimo Rosario, Ruega por nosotros.

Reina de la familia, Ruega por nosotros.

Reina de la paz. Ruega por nosotros.

Cordero de Dios, que quitas el pecado del mundo.
Perdónanos, Señor.

Cordero de Dios, que quitas el pecado del mundo,
Escúchanos, Señor.

Cordero de Dios, que quitas el pecado del mundo,
Ten piedad y misericordia de Nosotros.

ROSARIO CON REFLEXIÓN SOBRE LOS MISTERIOS

Antes de comenzar con este Rosario, es importante leer y conocer la "Guía rápida para rezar el Santo Rosario" ya que la reflexión que se muestra a continuación es una extensión del anterior, **leyendo y meditando cada uno de los misterios.**

INICIO

1.-Persignarse

2.- Credo

3.-Padre nuestro

4.- Ave María (x3)

5.-Gloria

6.-Reflexión de los misterios
(seleccionar dependiendo el día de la semana)

• LUNES Y SÁBADO Misterios Gozosos:

○ 1º La anunciación del ángel Gabriel a María

(Lc 1,26-31.38)

Dios envió al ángel Gabriel donde una joven virgen, que vivía en una ciudad de Galilea llamada Nazaret, y que era prometida de José, de la familia de David. Y el nombre de la virgen era María.

Entró el ángel a su casa y le dijo: "Alégrate tú, la amada y favorecida; el Señor está contigo". Estas palabras la impresionaron muchísimo y se preguntaba que querría decir este saludo.

Pero el ángel le dijo: "No temas, María, porque has encontrado el favor de Dios. Vas a quedar embarazada y darás a luz a un hijo, al que pondrás el nombre de Jesús. Será grande, y con razón lo llamarán Hijo del Altísimo. Dios le dará el trono de David, su antepasado. Gobernará por siempre el pueblo de Jacob y su reinado no terminará jamás".

Contestó el ángel: "El Espíritu Santo descenderá sobre ti y el poder Altísimo te cubrirá con su sombra; por eso tu hijo será santo y con razón lo llamarán Hijo de Dios. Ahí tienes a tu parienta Isabel. En su vejez ha quedado esperando un hijo, y la que no podía tener familia, se encuentra ya en el sexto mes del embarazo; porque para Dios nada es imposible".

"Dijo María: "Yo soy la servidora del Señor; hágase en mí lo que has dicho". Después de estas palabras, el ángel se retiró".

Meditación

A cada uno Dios le asigna una misión especial que desempeñar en este mundo. María recibió la misión más difícil y comprometedora: El ser la Madre de Jesús, el Salvador del mundo. No obstante, a pesar de las grandes dificultades que esto implicaba, María aceptó con mucho gusto.

Aprendamos de ella a dar siempre a Dios una respuesta generosa, aunque a veces tengamos que enfrentarnos a grandes sacrificios para seguir el llamado del Señor.

○ 2° La visita de María a su prima Isabel

(Lc 1, 39-42)

Por esos días, María partió apresuradamente a una ciudad ubicada en los cerros de Judá. Entró en casa de Zacarías y saludó a Isabel.

Al oír su saludo, el niño dio saltos en su vientre. Isabel se llenó del Espíritu Santo y exclamó en alta voz: "Bendita eres entre todas las mujeres y bendito es el fruto de tu vientre. ¿Cómo he merecido yo que venga a mí la madre de mi Señor? Apenas llegó tu saludo a mis oídos, el niño saltó de alegría en mis entrañas. ¡Dichosa por haber creído que de cualquier manera se cumplirán las promesas del Señor!"

María dijo entonces: "Celebra todo mi ser la grandeza del Señor y mi espíritu se alegra en el Dios que me salva: Porque quiso mirar la condición humilde de su esclava, en adelante, pues todos los hombres dirán que soy feliz.

En verdad el Todopoderoso hizo grandes cosas por mí; reconozcan que Santo es su nombre, que sus favores alcanzan a todos los que le temen y prosiguen a sus hijos. Su brazo llevó a cabo hechos heroicos, arruinó a los soberbios con sus maquinaciones. Sacó a los poderosos de sus tronos y puso en su lugar a los humildes; repletó a los hambrientos de todo lo que es bueno y despidió vacíos a los ricos; de la mano tomó a Israel, su siervo demostrándole así su misericordia. Esta fue la promesa, que ofreció a nuestros padres y que reservaba a Abraham y a sus descendientes para siempre".

María se quedó cerca de tres meses con Isabel, y después volvió a su casa.

Meditación

Al recibir al Hijo de Dios en su seno, María se dirige a su prima Isabel, transformándose en la primera misionera de Cristo.

Aprendamos a tener un verdadero amor a nuestros hemanos, preocupándonos por su bien material y espiritual.

○ 3º El nacimiento de Nuestro Señor

(Lc 2, 1-20)

Por aquellos días salió un decreto del emperador Augusto, por el que se debía proceder a un censo en todo el imperio. Éste fue llamado "el primer censo", siendo Quirino gobernador de Siria.

Todos, pues, empezaron a moverse para ser registrados cada uno en su ciudad natal. José también, que estaba en Galilea, en la ciudad de Nazaret, subió a Judea, a la ciudad de David, llamada Belén, porque era descendiente de David; allí se inscribió con María, su esposa, que estaba embarazada.

Mientras estaban en Belén, llegó para María el momento del parto y dio a luz a su hijo primogénito. Lo envolvió en pañales y lo acostó en un pesebre, pues no había lugar para ellos en la sala principal de la casa.

En la región había pastores que vivían en el campo y que por la noche se turnaban para cuidar sus rebaños. Se les apareció un ángel del Señor, y la gloria del Señor los rodeó de claridad. Y quedaron muy asustados.

Pero el ángel les dijo: «No tengan miedo, pues yo vengo a comunicarles una buena noticia, que será motivo de mucha alegría para todo el pueblo: hoy, en la ciudad de David, ha nacido para ustedes un Salvador, que es el Mesías y el Señor. Miren cómo lo reconocerán: hallarán a un niño recién nacido, envuelto en pañales y acostado en un pesebre.»

De pronto una multitud de seres celestiales aparecieron junto al ángel, y alababan a Dios con estas palabras: «Gloria a Dios en lo más alto del cielo y en la tierra paz a los hombres: ésta es la hora de su gracia.»

Después que los ángeles se volvieron al cielo, los pastores se dijeron unos a otros: «Vayamos, pues, hasta Belén y veamos lo que ha sucedido y que el Señor nos ha dado a conocer.» Fueron apresuradamente y hallaron a María y a José con el recién nacido acostado en el pesebre. Entonces contaron lo que los ángeles les habían dicho del niño.

Todos los que escucharon a los pastores quedaron maravillados de lo que decían. María, por su parte, guardaba todos estos acontecimientos y los volvía a meditar en su interior.

Después los pastores regresaron alabando y glorificando a Dios por todo lo que habían visto y oído, tal como los ángeles se lo habían anunciado.

Meditación

No obstante que fuera el Hijo de Dios, Jesús quiso nacer en la más grande pobreza. Enséñanos a ser humildes a preferir siempre a los más pobres y a no ambicionar nunca las grandezas de este mundo. Que toda nuestra vida sea un himno a la gloria de Dios y un signo de esperanza para los hombres de buena voluntad, los pobres y los necesitados.

○ **4° La presentación de Nuestro Señor en el Templo**

(Lc 2, 22-35)

De acuerdo con la Ley de Moisés, llevaron al niño a Jerusalén para presentarlo, tal como está escrito en la Ley: Todo varón primogénito será consagrado al Señor. También ofrecieron el sacrificio que ordena la Ley: una pareja de tórtolas.

Había entonces en Jerusalén un hombre muy piadoso y cumplidor a los ojos de Dios, llamado Simeón. Este hombre esperaba el día en que Dios atendiera a Israel, y el Espíritu Santo estaba con él. Le había sido revelado por el Espíritu Santo que no moriría antes de haber visto al Mesías del Señor. El Espíritu también lo llevó al Templo en aquel momento.

Simeón lo tomó en sus brazos y bendijo a Dios con estas palabras:

"Señor, ya puedes dejar que tu servidor muera en paz, como le has dicho.Porque mis ojos han visto a tu salvador, que has preparado y ofreces a todos los pueblos, luz que se revelará a las naciones y gloria de tu pueblo, Israel."

Su padre y su madre estaban maravillados por todo lo que se decía del niño. Simeón los bendijo y dijo a María, su madre: «Mira, este niño traerá a la gente de Israel caída o resurrección. Será una señal de contradicción, mientras a ti misma una espada te atravesará el alma. Por este medio, sin embargo, saldrán a la luz los pensamientos íntimos de los hombres.»

Meditación

María respetó y cumplió siempre la Ley de Dios. Esto nos invita a luchar cada día más para conocer la Palabra de Dios y vivirla con entusiasmo. Que la Virgen María se digne presentarnos al Padre celestial como ofrenda agradable, con nuestros sacrificios diarios, nuestras alegrías, nuestros trabajos y nuestras angustias.

○ 5° El niño perdido y hallado en el Templo

(Lc 2, 41-52)

Los padres de Jesús iban todos los años a Jerusalén para la fiesta de la Pascua. Cuando Jesús cumplió los doce años, se quedó en Jerusalén sin que sus padres lo supieran.

Se pusieron a buscarlo entre sus parientes y conocidos. Como no lo encontraran, volvieron a Jerusalén en su búsqueda. Al tercer día lo hallaron en el Templo, sentado en medio de los maestros de la Ley, escuchándolos y haciéndoles preguntas. Todos los que le oían quedaban asombrados de su inteligencia y de sus respuestas.

Su madre le decía: «Hijo, ¿por qué nos has hecho esto? Tu padre y yo hemos estado muy angustiados mientras te buscábamos.» El les contestó: «¿Y por qué me buscaban? ¿No saben que yo debo estar donde mi Padre?» Pero ellos no comprendieron esta respuesta.

Mientras tanto, Jesús crecía en sabiduría, en edad y en gracia, ante Dios y ante los hombres.

Meditación

María y José perdieron a Jesús y su corazón se llenó de un grande dolor. Lo mismo tenemos que sentir nosotros al apartarnos de Jesús a causa del pecado.

Pidamos a la Virgen María y a San José que nos ayuden a buscar continuamente a Jesús, mediante la oración, el estudio de la Biblia y la práctica de los sacramentos.

- **MARTES Y VIERNES Misterios Dolorosos:**

  ○ **1° La agonía de Nuestro Señor en el jardín**

(Lc 22, 39-48)

Después Jesús salió y se fue, como era su costumbre, al monte de los Olivos, y lo siguieron también sus discípulos. Llegados al lugar, les dijo: «Oren para que no caigan en tentación.»

Después se alejó de ellos como a la distancia de un tiro de piedra, y doblando las rodillas oraba con estas palabras: «Padre, si quieres, aparta de mí esta copa; pero no se haga mi voluntad, sino la tuya.»

(Entonces se le apareció un ángel del cielo para animarlo.

Entró en agonía y oraba con mayor insistencia. Su sudor se convirtió en gotas de sangre que caían hasta el suelo.)

Después de orar, se levantó y fue hacia donde estaban los discípulos. Pero los halló dormidos, abatidos por la tristeza.

Les dijo: «¿Ustedes duermen? Levántense y oren para que no caigan en tentación.»

Todavía estaba hablando cuando llegó un grupo encabezado por Judas, uno de los Doce. Como se acercara a Jesús para darle un beso, Jesús le dijo: «Judas, ¿con un beso traicionas al Hijo del Hombre?»

Meditación

Con la oración, Jesús se preparó a enfrentarse al sufrimiento. Aprendamos a orar , para superar todas las pruebas de la vida.

○ 2° La flagelación de Nuestro Señor

(Mc 15, 6-15)

Cada año, con ocasión de la Pascua, Pilato solía dejar en libertad a un preso, a elección del pueblo. Había uno, llamado Barrabás, que había sido encarcelado con otros revoltosos por haber cometido un asesinato en un motín.

Cuando el pueblo subió y empezó a pedir la gracia como de costumbre, Pilato les preguntó: «¿Quieren que ponga en libertad al rey de los judíos?» Pues Pilato veía que los jefes de los sacerdotes le entregaban a Jesús por una cuestión de rivalidad. Pero los sumos sacerdotes incitaron a la gente a que pidiera la libertad de Barrabás.

Pilato les dijo: «¿Qué voy a hacer con el que ustedes llaman rey de los judíos?» La gente gritó: «¡Crucifícalo!» Pilato les preguntó: «Pero ¿qué mal ha hecho?» Y gritaron con más fuerza: «¡Crucifícalo!»

Pilato quiso dar satisfacción al pueblo: dejó, pues, en libertad a Barrabás y sentenció a muerte a Jesús. Lo hizo azotar, y después lo entregó para que fuera crucificado.

Meditación

Por temor a quedar mal con el pueblo, Pilatos mandó flagelar a Jesús, aunque lo reconociera inocente. Lo mismo hacemos nosotros, cuando cometemos algún pecado por miedo al qué dirá la gente. Preferimos la gloria que viene de los hombres a la que viene de Dios.

○ 3° La coronación de espinas

(Mt 27, 27-31)

Los soldados romanos llevaron a Jesús al patio del palacio y reunieron a toda la tropa en torno a él. Le quitaron sus vestidos y le pusieron una capa de soldado de color rojo.

Después le colocaron en la cabeza una corona que habían trenzado con espinos y en la mano derecha le pusieron una caña. Doblaban la rodilla ante Jesús y se burlaban de él, diciendo: «¡Viva el rey de los judíos!» Le escupían en la cara y con la caña le golpeaban en la cabeza.

Cuando terminaron de burlarse de él, le quitaron la capa de soldado, le pusieron de nuevo sus ropas y lo llevaron a crucificar.

Meditación

Jesús, el verdadero Rey del cielo y de la tierra, fue coronado como rey de burla. Aquella escena triste y vergonzosa sigue repitiéndose continuamente. Gobiernos, autoridades y el pueblo en general siguen burlándose de Jesús, hablando mal de la religión, de los sacerdotes, de la Virgen; muchos siguen prefiriendo más a Barrabás que a Jesús. Para ellos vale más el dinero, los placeres y el poder, que la enseñanza y el amor de Jesús. Confían más en los hombres que en Cristo.

Aprendamos a doblegar nuestra soberbia y seguir a Jesús.

○ 4º Nuestro Señor carga la cruz al Calvario

(Lc 23, 26-31)

Cuando lo llevaban, encontraron a un tal Simón de Cirene, que volvía del campo, y le cargaron con la cruz para que la llevara detrás de Jesús.

Lo seguía muchísima gente, especialmente mujeres que se golpeaban el pecho y se lamentaban por él. Jesús, volviéndose hacia ellas, les dijo: «Hijas de Jerusalén, no lloren por mí. Lloren más bien por ustedes mismas y por sus hijos. Porque llegarán días en que se dirá: «Felices las mujeres que no tienen hijos. Felices las que no dieron a luz ni amamantaron.»

Entonces dirán: «¡Que caigan sobre nosotros los montes, y nos sepulten los cerros! Porque si así tratan al árbol verde, ¿Qué harán con el seco?»

Meditación

Señor Jesús, ayúdanos a entender nuestra obligación como discípulos tuyos. Enséñanos a renunciar a la flojera y a las comodidades, para tomar nuestra cruz diaria y seguirte. Mediante nuestros sufrimientos, aceptados con gozo, nos transformamos en colaboradores de Cristo, en la grande obra de la salvación.

Por eso estamos meditando sobre la Pasión de Jesús: no tanto para llorar por él, que ya no sufre, sino para tomar conciencia del grave problema de nuestra salvación y la salvación de nuestros hermanos.

○ 5° Jesús muere en la cruz

(Lc 23, 32-46)

Junto con Jesús llevaban también a dos malhechores para ejecutarlos. Al llegar al lugar llamado de la Calavera, lo crucificaron allí, y con él a los malhechores, uno a su derecha y el otro a su izquierda. Jesús decía: «Padre, perdónalos, porque no saben lo que hacen.»

La gente estaba allí mirando; se burlaban diciendo: «Si salvó a otros, que se salve a sí mismo, ya que es el Mesías de Dios, el Elegido.» También los soldados se burlaban de él. Le ofrecieron vino agridulce diciendo: «Si tú eres el rey de los judíos, sálvate a ti mismo.» Porque había sobre la cruz un letrero que decía: «Este es el rey de los judíos.»

Uno de los malhechores que estaban crucificados con Jesús lo insultaba: «¿No eres tú el Mesías? ¡Sálvate a ti mismo y también a nosotros.» Pero el otro lo reprendió diciendo: «¿No temes a Dios tú, que estás en el mismo suplicio? Nosotros lo hemos merecido y pagamos por lo que hemos hecho, pero éste no ha hecho nada malo.» Y añadió: «Jesús, acuérdate de mí cuando entres en tu Reino.» Jesús le respondió: «En verdad te digo que hoy mismo estarás conmigo en el paraíso.»

Hacia el mediodía se ocultó el sol y todo el país quedó en tinieblas hasta las tres de la tarde. En ese momento la cortina del Templo se rasgó por la mitad, y Jesús gritó muy fuerte: «Padre, en tus manos encomiendo mi espíritu». Y dichas estas palabras, expiró.

Meditación

Sí, Señor Jesús, en tu muerte gloriosa el Padre celestial manifestó su sabiduría y su poder salvador. En tu sangre hemos sido salvados.

Te alabamos y te adoramos, oh Cristo, pues por tu Cruz redimiste al mundo. Tú eres el Cordero de Dios, que mediante su muerte, borró nuestros pecados.

Gracias por tu grande amor. Que cada día podamos descubrir siempre más la gravedad de nuestro pecado y la inmensidad de tu amor por nosotros.

- **MIÉRCOLES Y DOMINGO Misterios Gloriosos:**

  - **1° La resurrección de Nuestro Señor**

(Mc 16, 1-18)

Pasado el sábado, María Magdalena, María, la madre de Santiago, y Salomé, compraron aromas para embalsamar el cuerpo. Y muy temprano, el primer día de la semana, llegaron al sepulcro, apenas salido el sol. Se decían unas a otras: «¿Quién nos quitará la piedra de la entrada del sepulcro?»
Pero cuando miraron, vieron que la piedra había sido retirada a un lado, a pesar de ser una piedra muy grande.
Al entrar en el sepulcro, vieron a un joven sentado al lado derecho, vestido enteramente de blanco, y se asustaron. Pero él les dijo: «No se asusten. Si ustedes buscan a Jesús Nazareno, el crucificado, no está aquí, ha resucitado; pero éste es el lugar donde lo pusieron.
Ahora vayan a decir a los discípulos, y en especial a Pedro, que él se les adelanta camino de Galilea. Allí lo verán, tal como él les dijo.» Las mujeres salieron corriendo del sepulcro. Estaban asustadas y asombradas, y no dijeron nada a nadie por el miedo que tenían.
Jesús, pues, resucitó en la madrugada del primer día de la semana. Se apareció primero a María Magdalena, de la que había echado siete demonios. Ella fue a anunciárselo a los que habían sido compañeros de Jesús y que estaban tristes y lo lloraban.

Pero al oírle decir que vivía y que lo había visto, no le creyeron.

Después Jesús se apareció, bajo otro aspecto, a dos de ellos que se dirigían a un pueblito. Volvieron a contárselo a los demás, pero tampoco les creyeron.

Por último se apareció a los once discípulos mientras comían, y los reprendió por su falta de fe y por su dureza para creer a los que lo habían visto resucitado.

Y les dijo: «Vayan por todo el mundo y anuncien la Buena Nueva a toda la creación. El que crea y se bautice, se salvará; el que se niegue a creer será condenado.

Estas señales acompañarán a los que crean: en mi Nombre echarán demonios y hablarán nuevas lenguas; tomarán con sus manos serpientes y, si beben algún veneno, no les hará daño; impondrán las manos sobre los enfermos y quedarán sanos.»

Meditación

Después de la duda, el sufrimiento, la agonía y la muerte llegó el día de la gloria, la felicidad y la paz. Mediante su muerte, Cristo nos liberó del pecado y mediante su resurrección nos dio una nueva vida.

También nosotros, si queremos resucitar y vivir con Cristo, primero tenemos que morir al pecado. En efecto, no podemos llegar al domingo de resurrección sin pasar por el viernes santo, hecho de renuncia y sufrimiento. La señal de que hemos pasado de la muerte a la vida es el amor hacia los hermanos, si amamos de verdad a nuestros hermanos, podemos estar seguros de que hemos resucitado con Cristo.

○ 2° La ascensión de Nuestro Señor al cielo

(Hech 1, 3-11)

De hecho, se presentó a ellos después de su pasión y les dio numerosas pruebas de que vivía. Durante cuarenta días se dejó ver por ellos y les habló del Reino de Dios. En una ocasión en que estaba reunido con ellos les dijo que no se alejaran de Jerusalén y que esperaran lo que el Padre había prometido. «Ya les hablé al respecto, les dijo: Juan bautizó con agua, pero ustedes serán bautizados en el Espíritu Santo dentro de pocos días.»

Los que estaban presentes le preguntaron: «Señor, ¿es ahora cuando vas a restablecer el Reino de Israel?» Les respondió: «No les corresponde a ustedes conocer los tiempos y las etapas que solamente el Padre tenía autoridad para decidir. Pero recibirán la fuerza del Espíritu Santo cuando venga sobre ustedes, y serán mis testigos en Jerusalén, en toda Judea, en Samaría y hasta los extremos de la tierra.»

Dicho esto, Jesús fue arrebatado ante sus ojos y una nube lo ocultó de su vista. Ellos seguían mirando fijamente al cielo mientras se alejaba. Pero de repente vieron a su lado a dos hombres vestidos de blanco, que les dijeron: «Amigos galileos, ¿qué hacen ahí mirando al cielo? Este Jesús que les ha sido quitado volverá de la misma manera que ustedes lo han visto ir al cielo.»

Meditación

Si han resucitado con Cristo -nos advierte San Pablo-, busquen las cosas de arriba, donde se encuentra Cristo, sentado la diestra de Dios. Piensen en las cosas de arriba, no en las de la tierra. Pues ustedes han muerto y su vida está ahora escondida con Cristo, en Dios. Cuando se manifieste Cristo, que es nuestra vida, ustedes también vendrán a la luz con él, y les tocará una parte de su gloria.

La resurrección y la Ascensión de Jesús al cielo marcan el destino final de cada hombre que sigue el camino de Cristo.

Que nadie ni nada nos distraigan de este camino precioso, que nos lleva a la felicidad eterna.

○ 3° La venida del Espíritu Santo

(Hech 2, 1-13)

Cuando llegó el día de Pentecostés, estaban todos reunidos en el mismo lugar. De repente vino del cielo un ruido, como el de una violenta ráfaga de viento, que llenó toda la casa donde estaban, y aparecieron unas lenguas como de fuego que se repartieron y fueron posándose sobre cada uno de ellos.

Todos quedaron llenos del Es píritu Santo y comenzaron a hablar en otras lenguas, según el Espíritu les concedía que se expresaran.

Estaban de paso en Jerusalén judíos piadosos, llegados de todas las naciones que hay bajo el cielo.

Y entre el gentío que acudió al oír aquel ruido, cada uno los oía hablar en su propia lengua. Todos quedaron muy desconcertados y se decían, llenos de estupor y admiración: «Pero éstos ¿no son todos galileos? ¡Y miren cómo hablan! Cada uno de nosotros les oímos en nuestra propia lengua nativa. Entre nosotros hay partos, medos y elamitas, habitantes de Mesopotamia, Judea, Capadocia, del Ponto y Asia, de Frigia, Panfilia, Egipto y de la parte de Libia que limita con Cirene. Hay forasteros que vienen de Roma, unos judíos y otros extranjeros, que aceptaron sus creencias, cretenses y árabes. Y todos les oímos hablar en nuestras propias lenguas las maravillas de Dios.»

Todos estaban asombrados y perplejos, y se preguntaban unos a otros qué querría significar todo aquello. Pero algunos se reían y decían: «¡Están borrachos!"

Meditación

Al recibir el Espíritu Santo, los Apóstoles cambiaron profundamente dejando a un lado el miedo y la cobardía, se lanzaron a proclamar a Cristo con valentía y entusiasmo.

Lo mismo pasará con nosotros, cuando quedemos llenos del Espíritu Santo. Nos volveremos en auténticos "testigos de Cristo", con una fe viva y comunicativa. Por lo tanto, no nos olvidemos nunca de pedir al padre celestial el grande don del Espíritu Santo, que es la base y el fundamento de una vida cristiana auténtica.

○ 4° La asunción de la Virgen María

«Todas las generaciones me llamarán bienaventurada porque el Señor ha hecho obras grandes en mí»

La Santísima Virgen María, cumplido el curso de su vida terrena, fue llevada en cuerpo y alma a la gloria del cielo, en donde ella participa ya en la gloria de la resurrección de su Hijo, anticipando la resurrección de todos los miembros de su cuerpo.

Meditación

¿Cómo sabemos que María Santísima, después de haber vivido en este mundo, fue llevada al cielo en cuerpo y alma?

En la Biblia encontramos indicios acerca de esta verdad, al presentarnos a María como la "llena de gracia", "bendita entre todas las mujeres" y "Madre del Señor". Es en la Tradición donde, desde el principio, encontramos claramente este dogma, hasta que el Papa Pío XII lo declaró solemnemente el año de 1950.

Era justo que María, que nunca había sido sometida a la esclavitud del pecado, quedara libre de la corrupción de la muerte.

Gracias sean dadas al Padre, al Hijo y al Espíritu Santo por todos los dones y privilegios, que concedió a María, nuestra Madre. Y que algún día, todos juntos, podemos tener la dicha de alcanzarla en la patria celestial, para bendecirla y alabarla por toda la eternidad.

○ 5º La coronación de María como reina del cielo y de la tierra

(Ap 12,1; Cant 6,10)

Apareció en el cielo una señal grandiosa: una Mujer, vestida del sol, con la luna bajo sus pies y en su cabeza una corona de doce estrellas.

¿Quién es esta que surge como la aurora, bella como la luna, brillante como el sol, temible como un ejército?".

Meditación

Siendo la Madre de Jesús, María es la criatura más importante que existe; es la reina del cielo y de la tierra.

Tomemos la costumbre de pedir siempre su intercesión materna, cuando necesitemos algo de parte de Dios.

Oh María, madre de Jesús y madre nuestra, acepta la ofrenda de nuestro corazón como señal de que te reconocemos como nuestra verdadera Reina. Ampáranos, protégenos, defiéndenos de todos los peligros. Y concédenos, el día de nuestra muerte, abrir los ojos a la feliz eternidad contemplando tu santo nombre.

- **JUEVES Misterios Luminosos:**

  ○ **1° El Bautismo del Señor.**

(Mt 3,13-17)

Por entonces vino Jesús de Galilea al Jordán, para encontrar a Juan y para que éste lo bautizara. Juan quiso disuadirlo y le dijo: «¿Tú vienes a mí? Soy yo quien necesita ser bautizado por ti.»

Jesús le respondió: «Deja que hagamos así por ahora. De este modo cumpliremos todo como debe hacerse.» Entonces Juan aceptó.

Una vez bautizado, Jesús salió del agua. En ese momento se abrieron los Cielos y vio al Espíritu de Dios que bajaba como una paloma y se posaba sobre él. Al mismo tiempo se oyó una voz del cielo que decía: «Este es mi Hijo, el Amado; en él me complazco.»

Meditación

El bautismo es un acontecimiento fundamental en nuestra vida. Lo fue en la vida de Jesús, porque en el Jordán fue ungido para proclamar el Reino de Dios. Aquí Jesús fue consciente de su misión. Lo mismo tiene que pasar con nosotros, cuando renovemos nuestros compromisos adquiridos en el bautismo. Aprendamos de Jesús a ser dóciles a la manifestación del Espíritu Santo, que nos impulsa a vivir como hijos de Dios.

○ 2° Las Bodas de Caná.

(Jn 2, 1-11)

Se celebraba una boda en Caná de Galilea, y la madre de Jesús estaba allí. También fue invitado Jesús a la boda con sus discípulos.

Sucedió que se terminó el vino pre parado para la boda, y se quedaron sin vino. Entonces la madre de Jesús le dijo: «No tienen vino.» Jesús le respondió: «Qué quieres de mí, Mujer? Aún no ha llegado mi hora.»

Pero su madre dijo a los sirvientes: «Hagan lo que él les diga.» Había allí seis recipientes de piedra, de los que usan los judíos para sus purificaciones, de unos cien litros de capacidad cada uno. Jesús dijo: «Llenen de agua esos recipientes.» Y los llenaron hasta el borde. «Saquen ahora, les dijo, y llévenle al mayordomo.» Y ellos se lo llevaron.

Después de probar el agua convertida en vino, el mayordomo llamó al novio, pues no sabía de dónde provenía, a pesar de que lo sabían los sirvientes que habían sacado el agua. Y le dijo: «Todo el mundo sirve al principio el vino mejor, y cuando ya todos han bebido bastante, les dan el de menos calidad; pero tú has dejado el mejor vino para el final.»
Esta señal milagrosa fue la primera, y Jesús la hizo en Caná de Galilea. Así manifestó su gloria y sus discípulos creyeron en él.

Meditación

En las Bodas de Caná contemplamos a María siempre atenta a las necesidades de la gente que la rodea. Al no poder solucionar algún problema, no se rinde, sino que acude a su Hijo. Un ejemplo para nosotros. Que estemos siempre dispuestos a ofrecer alguna ayuda a nuestros hermanos necesitados.

En realidad, Jesús no pensaba hacer ningún milagro. Fue María que lo empujó a intervenir. Y salió el milagro que dejó a todos admirados y convencidos de que Jesús no era un hombre cualquiera, sino alguien enviado por Dios.

○ **3° El anuncio del Reino.**

(Mc 1, 14-15)

Después de que tomaron preso a Juan, Jesús fue a Galilea y empezó a proclamar la Buena Nueva de Dios. Decía: «El tiempo se ha cumplido, el Reino de Dios está cerca. Renuncien a su mal camino y crean en la Buena Nueva.»

Meditación

¿Qué es el Reino de Dios? El mundo como lo quiere Dios. Pues bien, en Cristo ya tenemos las primicias de este nuevo mundo, hecho según el corazón de Dios. Y Jesús, con presencia, con su palabra y con su acción, anuncia y establece el Reino de Dios.

¿Qué hacer, entonces? Asociarnos a Cristo en esta misión de anunciar y hacer presente el Reino de Dios.

¿Cómo? Antes que nada, cambiando de actitud, aceptando y viviendo el Evangelio; y después, una vez hechos ciudadanos del Reino, tratando de ensanchar sus fronteras hasta los confines de la Tierra.

- ### 4° La transfiguración del Señor.

(Mc 9, 1-10)

Jesús tomó consigo a Pedro, a Santiago y a Juan y los llevó a ellos solos a un monte alto. A la vista de ellos su aspecto cambió completamente. Incluso sus ropas se volvieron resplandecientes, tan blancas como nadie en el mundo sería capaz de blanquearlas. Y se les aparecieron Elías y Moisés.
Pedro tomó la palabra y dijo: «Maestro, ¡qué bueno es que estemos aquí! Levantemos tres chozas: una para ti, otra para Moisés y otra para Elías.» En realidad no sabía lo que decía, porque estaban aterrados. En eso se formó una nube que los cubrió y desde allí llegaron estas palabras: «Este es mi Hijo, el Amado, escúchenlo.» Y de pronto, mirando a su alrededor, no vieron ya a nadie; sólo Jesús estaba con ellos.
Cuando bajaban del cerro, les ordenó que no dijeran a nadie lo que habían visto, hasta que el Hijo del Hombre resucitara de entre los muertos. Ellos guardaron el secreto, aunque se preguntaban unos a otros qué querría decir eso de "resucitar de entre los muertos".

Meditación

Se trata de un acontecimiento semejante al del bautismo de Jesús en el Jordán. También aquí Jesús vivió una experiencia que le ayudó a descubrir la importancia de su misión. Esta experiencia también sirvió mucho a los Apóstoles que contemplaron su gloria.

Quiera Dios que la meditación de este misterio nos ayude a tener los mismo sentimientos de los Apóstoles, especialmente San Pedro, quien llegó a escribir que a consecuencia de la Transfiguración, creyó "más firmemente en el mensaje de los profetas", de tal manera que el Evangelio que se nos predicó debe ser considerado como "una lámpara que luce en un lugar oscuro, hasta que se levante el día y el Lucero de la mañana brille en nuestros corazones"

◦ **5° La Institución de la Eucaristía.**

(Mc 14, 12-25)

El primer día de la fiesta en que se comen los panes sin levadura, cuando se sacrificaba el Cordero Pascual, sus discípulos le dijeron: «¿Dónde quieres que vayamos a prepararte la Cena de la Pascua?» Entonces Jesús mandó a dos de sus discípulos y les dijo: «Vayan a la ciudad, y les saldrá al encuentro un hombre que lleva un cántaro de agua. Síganlo hasta la casa en que entre y digan al dueño: El Maestro dice: ¿Dónde está mi pieza, en que podré comer la Pascua con mis discípulos?

El les mostrará en el piso superior una pieza grande, amueblada y ya lista. Preparen todo para nosotros.»

Los discípulos se fueron, entraron en la ciudad, encontraron las cosas tal como Jesús les había dicho y prepararon la Pascua.

Al atardecer llegó Jesús con los Doce. Y mientras estaban a la mesa comiendo, les dijo: «Les aseguro que uno de ustedes me va a entregar, uno que comparte mi pan.» Ellos se entristecieron mucho al oírle, y empezaron a preguntarle uno a uno: «¿Seré yo?»

El les respondió: «Es uno de los Doce, uno que moja su pan en el plato conmigo. El Hijo del Hombre se va, conforme dijeron de él las Escrituras, pero ¡pobre de aquel que entrega al Hijo del Hombre! Sería mucho mejor para él no haber nacido.»

Durante la comida Jesús tomó pan, y después de pronunciar la bendición, lo partió y se lo dio diciendo: «Tomen, esto es mi cuerpo.» Tomó luego una copa, y después de dar gracias, se la entregó y todos bebieron de ella. Y les dijo: «Esto es mi sangre, la sangre de la Alianza, que será derramada por muchos. En verdad les digo que no volveré a probar el fruto de la vid hasta el día en que lo beba nuevo en el Reino de Dios.»

Meditación

La Eucaristía es el centro de la vida de la Iglesia. Es el más grande regalo que Jesús ha hecho a sus discípulos.

Señor Jesús, gracias por este sacramento admirable. Gracias por este bello regalo que nos hiciste.

Que cada vez que participemos en la Santa Misa, recordemos este gesto de amor y nos alimentemos con tu Cuerpo y con tu Sangre, para que no desfallezcamos en el duro camino de la vida.

En la Eucaristía, Dios se hace Emanuel, es decir "Dios con nosotros". No lo dejemos solo, entonces. Acerquémonos a Él con toda confianza, abriéndole nuestro corazón.

7.-Jaculatorias
(Se reza después de cada misterio y reflexión)

María, Madre de gracia, Madre de misericordia
En la vida y en la muerte ampáranos gran Señora.
Oh Jesús mío, perdónanos, líbranos del fuego del infierno,
Y lleva todas las almas al cielo, especialmente a las más necesitadas de tu divina misericordia, Amén.

8.-Salve

9.-Letanía Lauretana

10.-Oración final

La Madre Teresa de Calcuta fue la líder y fundadora de
las Misioneras de la Caridad y Premio Nobel de la Paz en 1979.

ROSARIO MISIONERO

Antes de comenzar con este Rosario, es importante leer y conocer la "Guía rápida para rezar el Santo Rosario" ya que la lectura que se muestra a continuación es una extensión del anterior, **ofreciendo cada misterio por un continente y sus necesidades**

INICIO

1.-Persignarse

2.- Credo

3.-Padre nuestro

4.- Ave María (x3)

5.-Gloria

6.-Reflexión de los misterios
(seleccionar dependiendo el día de la semana)

- **LUNES Y SÁBADO Misterios Gozosos:**

  ○ **1° La anunciación del ángel Gabriel a María**

Oremos por África, simbolizada por el color verde, tomado de las inmensas selvas que abundan en este continente.

Desde la mitad del siglo pasado, la Iglesia Católica ha realizado grandes esfuerzos para evangelizar el pueblo africano y actualmente está cosechando frutos, aunque sea entre problemas, oposiciones y rechazos.

Pidamos a Dios por los misioneros para que sigan adelante, sin desanimarse en medio de tantas dificultades.

  ○ **2° La visita de María a su prima Isabel**

Oremos por el continente americano, simbolizado por el color rojo, tomado de la raza indígena de los pieles rojas.

Es el continente de la esperanza, puesto que en él reside casi la mitad de todos los católicos del mundo. Sin embargo, necesita todavía ser evangelizado, encontrándose mucha gente en una gran ignorancia religiosa.

Pidamos al Señor por los católicos atrapados por la superstición y el espiritismo, para que puedan abrirse a la luz del Evangelio.

○ 3º El nacimiento de Nuestro Señor

Oremos por el continente europeo, simbolizado por el color blanco, relacionado con el vestido del Papa.

En este continente, el cristianismo ha logrado desarrollarse hasta hacerse adulto y lanzarse a la conquista del mundo. Actualmente sufre una profunda crisis, frente a la embestida del ateísmo y de los falsos dioses del poder, el placer y el dinero.

Pidamos a Dios que logre superar esta crisis, para seguir enviando misioneros a los lugares más necesitados.

○ 4º La presentación de Nuestro Señor en el Templo

Oremos por Oceanía, continente simbolizado por el color azul, relacionado con el mar en que están esparcidas sus numerosas islas. Es un continente todavía necesitado de evangelización, con pocos misioneros y grandes dificultades ambientales.

○ 5º El niño perdido y hallado en el Templo

Oremos por el continente asiático, simbolizado por el color amarillo, propio de sus habitantes. En este continente vive la mayoría de la humanidad y aquí Cristo es casi un desconocido. Pidamos al Señor que abra el corazón de tantos millones de hombres hacia la luz del Evangelio.

- **MARTES Y VIERNES Misterios Dolorosos:**

  ○ **1° La agonía de Nuestro Señor en el jardín**

Oremos por el pueblo africano, para que acepte el mensaje de Cristo y lo viva en la profundidad, de acuerdo a los valores de su cultura.

  ○ **2° La flagelación de Nuestro Señor**

Oremos por el pueblo latinoamericano para que logre la paz. Que desaparezcan los odios, las guerras y las enormes desigualdades entre ricos y pobres, y se forme una sola familia al calor de la Palabra de Dios.

  ○ **3° La coronación de espinas**

Oremos por el continente europeo, para qué tome conciencia de su responsabilidad misionera y no se deja vencer por la tentación del egoísmo.

  ○ **4° Nuestro Señor carga la cruz al Calvario**

Oremos por Oceanía, para que Dios la enriquezca con vocaciones abundantes, que le permitan una vida auténticamente cristiana.

○ **5° Jesús muere en la cruz**

Oremos por el continente asiático, para que sus pueblos, sedientos de verdad, se abran a la luz del Evangelio.

- **MIÉRCOLES Y DOMINGO Misterios Gloriosos:**

○ **1° La resurrección de Nuestro Señor**

Oremos por África:
«Señor Jesús, por la intercesión de la Virgen Santísima, concede a nuestros hermanos de África el don de la fe y un gran deseo de comunicarlo a los demás».

○ **2° La ascensión de Nuestro Señor al cielo**

Oremos por América:
«Señor Jesús, por la intercesión de tu Madre Santísima, la Virgen de Guadalupe, concede a tu Iglesia de América poder contar con apóstoles completamente entregados a la liberación integral de los hermanos».

○ **3º La venida del Espíritu Santo**

Oremos por Europa:

«Señor Jesús, por la intercesión de la Virgen Santísima, concede a nuestros hermanos de Europa un gran valor para profesar públicamente su fe y un gran Espíritu misionero para llevar tu mensaje a los pueblos que aún no te conocen».

○ **4º La asunción de la Virgen María**

Oremos por Oceanía:

«Oh Virgen Santísima, intercede en favor de nuestros hermanos de Oceanía, para que logren madurar en su fe y dar frutos abundantes».

○ **5º La coronación de María como reina del cielo y de la tierra**

Oremos por Asia:

«Oh Virgen María, apiádate del gran continente asiático que todavía vive en las tinieblas del paganismo. Envíale muchos y santos misioneros, que anuncien el Evangelio de Jesús con fe y valentía»

- **JUEVES Misterios Luminosos:**

  ○ **1º El Bautismo del Señor.**

Oremos por África, para que todos aquellos que aún no conocen a Cristo, reciban pronto el anuncio de la Palabra y el sacramento del bautismo.

  ○ **2º Las Bodas de Caná.**

Oremos por América, para que sea dócil a las mociones del Espíritu que la invitan a dar generosamente desde su pobreza. Que no cese de enviar misioneros a todos los países del mundo.

  ○ **3º El anuncio del Reino.**

Oremos por Europa, para que la Iglesia no escatime esfuerzos en el anuncio del Evangelio a tantos inmigrantes no cristianos, que llegan a este continente en busca de trabajo y mejores condiciones de vida. Que ofrezca a todos la oportunidad de conocer las enormes riquezas de Cristo, pues sólo Él es el camino, la verdad y la vida.

◦ **4° La transfiguración del Señor.**

Oremos por Oceanía, para que todos sus habitantes puedan contemplar a Cristo, imagen del Dios invisible, en quien «están escondidas todas las riquezas de la sabiduría y del entendimiento»

◦ **5° La Institución de la Eucaristía.**

Oremos por Asia, para que no falte a nadie el Pan de la Palabra de Dios y el Pan de la Eucaristía. Que sus millones de habitantes tengan la oportunidad de comer y beber el Cuerpo y la Sangre de Nuestro Señor Jesucristo.

7.-Jaculatorias

(Se reza después de cada misterio y reflexión)

María, Madre de gracia, Madre de misericordia

En la vida y en la muerte ampáranos gran Señora.

Oh Jesús mío, perdónanos, líbranos del fuego del infierno,

Y lleva todas las almas al cielo, especialmente a las más necesitadas de tu divina misericordia, Amén.

8.-Salve

9.-Letanía Lauretana

10.-Oración final

Judas Tadeo es el patrono de las causas difíciles o desesperadas.

ROSARIO PARA OFRECIMIENTO Y PETICIÓN

Antes de comenzar con este Rosario, es importante leer y conocer la "Guía rápida para rezar el Santo Rosario" ya que la lectura que se muestra a continuación es una extensión del anterior, **cada misterio lleva un ofrecimiento y una petición personal.**

INICIO

1.-Persignarse

2.- Credo

3.-Padre nuestro

4.- Ave María (x3)

5.-Gloria

6.-Reflexión de los misterios
(seleccionar dependiendo el día de la semana)

- **LUNES Y SÁBADO Misterios Gozosos:**

  ○ **1° La anunciación del ángel Gabriel a María**

Oh, Virgen María, te ofrezco este primer misterio en honor a la Encarnación de tu Hijo Jesús. Te pido que intercedas por mí, para que consiga el donde una profunda humildad.

  ○ **2° La visita de María a su prima Isabel**

Oh, Virgen María, te ofrezco este segundo misterio en honor a tu grande celo apostólico, que te hizo la primera misionera de Cristo. Te pido que me consigas de tu Hijo Jesús, el don de una entrega generosa en favor del prójimo.

  ○ **3° El nacimiento de Nuestro Señor**

Oh, Virgen María, te ofrezco este tercer misterio en honor a tu Divina Maternidad. Te pido que me consigas de tu Hijo Jesús un grande espíritu de pobreza.

  ○ **4° La presentación de Nuestro Señor en el Templo**

Oh, Virgen María, te ofrezco este cuarto misterio en honor a tu obediencia a la Ley de Dios. Te pido que me consigas del Señor Jesús un verdadero deseo de agradarle siempre.

- ○ **5° El niño perdido y hallado en el Templo**

Oh, Virgen María, te ofrezco este quinto misterio en agradecimiento por todos los cuidados que tuviste hacia Jesús, hijo tuyo y hermano mío. Te pido que intercedas por mí para que me preocupe siempre de hacer la voluntad del Padre.

- • **MARTES Y VIERNES Misterios Dolorosos:**

  - ○ **1° La agonía de Nuestro Señor en el jardín**

Señor, Jesús, te ofrezco este primer misterio en honor a tu agonía en el huerto de Getsemaní. Te pido que, por la intercesión de tu Santísima Madre, me concedas un grande dolor y arrepentimiento por mis pecados.

  - ○ **2° La flagelación de Nuestro Señor**

Señor Jesús, te ofrezco este segundo misterio en agradecimiento por los sufrimientos y las humillaciones que recibiste al ser coronado como rey de burla. Te pido que, por intercesión de la Virgen María, me concedas un verdadero espíritu de paciencia para aceptar cualquier humillación y sufrimiento.

○ 3º La coronación de espinas

Señor Jesús, te ofrezco este tercer misterio en agradecimiento por los sufrimientos y las humillaciones que recibiste al ser coronado como rey de burla. Te pido que, por intercesión de la Virgen María, me concedas un verdadero espíritu de paciencia para aceptar cualquier humillación y sufrimiento.

○ 4º Nuestro Señor carga la cruz al Calvario

Señor Jesús, te ofrezco este cuarto misterio, agradeciéndote todos los sufrimientos que padeciste por mí, subiendo el calvario con la cruz a cuestas. Te pido que me concedas, por intercesión de la Virgen María, la gracia de ser un verdadero discípulo tuyo, aceptando la cruz de cada día y siguiendo tus pasos.

○ 5º Jesús muere en la cruz

Señor Jesús, te ofrezco este quinto misterio en honor a tu crucifixión y muerte. Te pido que, por intercesión de tu Madre santísima, me concedas luchar cada día más para que tu Sangre preciosa no sea inútil para mí y mis hermanos.

- ## MIÉRCOLES Y DOMINGO Misterios Gloriosos:

  - ### 1° La resurrección de Nuestro Señor

Señor Jesús, te ofrezco este primer misterio en honor a tu gloriosa resurrección. Te pido que, por intercesión de tu Madre santísima, me concedas dejar el pecado y empezar una vida nueva.

  - ### 2° La ascensión de Nuestro Señor al cielo

Señor Jesús, te ofrezco este segundo misterio en honor a tu triunfante Ascensión al cielo. Te pido que, por intercesión de tu Madre santísima, me concedas vivir en este mundo con un ferviente deseo del cielo.

  - ### 3° La venida del Espíritu Santo

Señor Jesús, te ofrezco este tercer misterio, agradeciéndote el envío del Espíritu Santo sobre María santísima y los Apóstoles, reunidos en el cenáculo el día de Pentecostés. Te pido que, por intercesión de tu Madre santísima, me concedas la gracia de poder vivir lleno del Espíritu Santo.

- ○ **4° La asunción de la Virgen María**

Oh, Virgen María, te ofrezco este misterio en honor a tu Asunción al cielo. Te pido que intercedas por mí y me consigas de tu amado Hijo Jesús, el don de una santa muerte.

- ○ **5° La coronación de María como reina del cielo y de la tierra**

Oh, Virgen María, te ofrezco este quinto misterio, reconociéndote como mi Madre, señora y reina. Te pido que intercedas por mí y me consigas de tu amado Jesús la gracia de poder vivir como verdadero hijo tuyo, para poder alcanzar un día la gloria entera.

- • **JUEVES Misterios Luminosos:**

- ○ **1° El Bautismo del Señor.**

Señor Jesús, te ofrecemos este primer misterio luminosos en honor a tu bautismo en el Jordán. Te pido que, por la intercesión de tu Santísima Madre, nos concedas reconocernos como hijos amados del Padre.

- **2° Las Bodas de Caná.**

Señor Jesús, te ofrecemos este segundo misterio luminoso en honor a tu manifestación en las Bodas de Caná. Te pedimos que, por la intercesión de tu Santísima Madre, nos concedas ser discípulos tuyos, siempre dispuestos a seguir tus enseñanzas.

- **3° El anuncio del Reino.**

Señor Jesús, te ofrecemos este tercer misterio luminoso en honor a tu primer anuncio del Reino de Dios. Te pedimos que, por la intercesión de tu Santísima Madre, nos concedas la gracia de una sincera conversación, nos ayudes a creer en el Evangelio y ser mensajeros de tu Palabra.

- **4° La transfiguración del Señor.**

Señor Jesús, te ofrecemos este cuarto misterio luminoso en honor a tu Transfiguración en el Monte Tabor. Te pedimos que, por la intercesión de tu Santísima Madre, nos concedas reconocerte cada día como el Hijo único del Padre, en quien él tiene todas sus complacencias. Concédenos también a nosotros que podamos contemplarte eternamente en tu Gloria.

5° La Institución de la Eucaristía.

Señor Jesús, te ofrecemos este quinto misterio luminoso en honor a la Institución de la Eucaristía. Te pedimos que, por la intercesión de tu Santísima Madre, nos concedas la gracia de recibir frecuentemente tu Cuerpo y tu Sangre. Que nunca el pecado logre apartarnos de este sacramento admirable.

7.-Jaculatorias

(Se reza después de cada misterio y reflexión)

María, Madre de gracia, Madre de misericordia

En la vida y en la muerte ampáranos gran Señora.

Oh Jesús mío, perdónanos, líbranos del fuego del infierno,

Y lleva todas las almas al cielo, especialmente a las más necesitadas de tu divina misericordia, Amén.

8.-Salve

9.-Letanía Lauretana

10.-Oración final

ROSARIO PARA PEDIR VIRTUDES

Antes de comenzar con este Rosario, es importante leer y conocer la "Guía rápida para rezar el Santo Rosario" ya que la lectura que se muestra a continuación es una extensión del anterior, **para pedir virtudes y una intención por cada misterio.**

INICIO

1.-Persignarse

2.- Credo

3.-Padre nuestro

4.- Ave María (x3)

5.-Gloria

6.-Reflexión de los misterios
(seleccionar dependiendo el día de la semana)

- **LUNES Y SÁBADO Misterios Gozosos:**

  ○ **1º La anunciación del ángel Gabriel a María**

Pidamos al Señor la virtud de la FE.
Oremos por las VOCACIONES SACERDOTALES

  ○ **2º La visita de María a su prima Isabel**

Pidamos al Señor la virtud de la CARIDAD.
Oremos por las VOCACIONES MISIONERAS

  ○ **3º El nacimiento de Nuestro Señor**

Pidamos al Señor la virtud de la POBREZA.
Oremos por los POBRES Y NECESITADOS

  ○ **4º La presentación de Nuestro Señor en el Templo**

Pidamos al Señor la virtud de la OBEDIENCIA de su ley.
Oremos por los PAGANOS, que no conocen la Ley de Dios.

- ○ **5° El niño perdido y hallado en el Templo**

Pidamos al Señor la virtud de la FORTALEZA.
Oremos por los PERSEGUIDOS, EXILIADOS Y DESAPARECIDOS de todo el mundo

- • **MARTES Y VIERNES Misterios Dolorosos:**

- ○ **1° La agonía de Nuestro Señor en el jardín**

Pidamos al Señor la virtud de un verdadero DOLOR DE LOS PECADOS.
Oremos por los AGONIZANTES.

- ○ **2° La flagelación de Nuestro Señor**

Pidamos al Señor la virtud de la MORTIFICACIÓN DE LOS SENTIDOS.
Oremos por los que se encuentran dominados por los DESEOS DE LA CARNE, y no saben cómo liberarse.

○ **3º La coronación de espinas**

Pidamos al Señor la virtud de la HUMILDAD.
Oremos por los que tienen responsabilidad de GOBIERNO.

○ **4º Nuestro Señor carga la cruz al Calvario**

Pidamos al Señor la virtud de la PACIENCIA.
Oremos por los ENFERMOS.

○ **5º Jesús muere en la cruz**

Pidamos al Señor la virtud de la CONSTANCIA en el seguimiento de Cristo.

Oremos por el PAPA, los OBISPOS, los SACERDOTES y los DIÁCONOS, que son los primeros colaboradores de Cristo en la obra de la Resurrección.

- **MIÉRCOLES Y DOMINGO Misterios Gloriosos:**

  ○ **1° La resurrección de Nuestro Señor**

Pidamos al Señor la virtud de la CONTEMPLACIÓN.
Oremos por todos los que decidieron ser CÉLIBES por el reino de los cielos.

  ○ **2° La ascensión de Nuestro Señor al cielo**

Pidamos al Señor la virtud de la ESPERANZA.
Oremos por las ALMAS DEL PURGATORIO.

  ○ **3° La venida del Espíritu Santo**

Pidamos al Señor la virtud de la ORACIÓN.
Oremos por las ALMAS DEL PURGATORIO.

- ○ **4° La asunción de la Virgen María**

Pidamos al Señor la virtud de la FELICIDAD a la Iglesia Católica. Oremos por los HERMANOS SEPARADOS.

- ○ **5° La coronación de María como reina del cielo y de la tierra**

Pidamos al Señor la virtud de una verdadera DEVOCIÓN A MARÍA.
Oremos por todos los HOMBRES DE BUENA VOLUNTAD.

- • **JUEVES Misterios Luminosos:**

- ○ **1° El Bautismo del Señor.**

Pidamos al Señor la virtud de RECONOCERNOS PECADORES.
Oremos por aquellos que LUCHAN POR DEJAR EL PECADO.

○ **2° Las Bodas de Caná.**

Pidamos al Señor la virtud de la GENEROSIDAD en favor de los hermanos.
Oremos por aquellos que SE ACOBARDAN frente a las dificultades.

○ **3° El anuncio del Reino.**

Pidamos al Señor la virtud del CELO APOSTÓLICO en el anuncio del Evangelio.
Oremos por todos los AGENTES DE PASTORAL.

○ **4° La transfiguración del Señor.**

Pidamos al Señor la virtud de la ORACIÓN.
Oremos por aquellos que aspiran a la VIDA CONTEMPLATIVA.

○ **5° La Institución de la Eucaristía.**

Pidamos al Señor la virtud de la ENTREGA.
Oremos por las VOCACIONES SACERDOTALES

7.-Jaculatorias

(Se reza después de cada misterio y reflexión)

María, Madre de gracia, Madre de misericordia

En la vida y en la muerte ampáranos gran Señora.

Oh Jesús mío, perdónanos, líbranos del fuego del infierno,

Y lleva todas las almas al cielo, especialmente a las más necesitadas de tu divina misericordia, Amén.

8.-Salve

9.-Letanía Lauretana

10.-Oración final

ROSARIO PARA DIFUNTOS

Antes de comenzar con este Rosario, es importante leer y conocer la "Guía rápida para rezar el Santo Rosario" ya que la lectura que se muestra a continuación es una extensión del anterior, se realiza **por el descanso de nuestros hermanos** que ya han partido de esta vida. Cuando decimos "Ruega por nosotros" lo sustituimos por un **"Ruega por él" (o ella)**.

INICIO

1.-Persignarse

2.- Credo

3.-Padre nuestro

4.- Ave María (x3)

5.-Gloria

6.-Reflexión de los misterios
(seleccionar dependiendo el día de la semana)

- **LUNES Y SÁBADO Misterios Gozosos:**

  - ### 1º La anunciación del ángel Gabriel a María

Oh Virgen María, tú que siempre fuiste fiel a la voluntad de dios, intercede por nuestros hermanos difuntos para que logren la purificación completa de todos sus pecados y alcancen la gloria eterna.

  - ### 2º La visita de María a su prima Isabel

Oh Virgen María, tú que fuiste siempre generosa en el servicio de Dios y los hermanos, intercede en favor de nuestros hermanos difuntos para que Dios les perdone todos sus pecados de omisión, al no preocuparse de cumplir siempre con sus obligaciones hacia Dios y los hermanos.

  - ### 3º El nacimiento de Nuestro Señor

Señor Jesús, por intercesión de tu Madre Santísima, perdona a nuestros hermanos difuntos el apego desordenado a las cosas de este mundo.

  - ### 4º La presentación de Nuestro Señor en el Templo

Oh Virgen María, como presentaste al Niño Jesús al Templo, así presenta las almas de nuestros hermanos difuntos delante del Padre celestial en la gloria del paraíso.

- ## 5° El niño perdido y hallado en el Templo

Oh Virgen María, como presentaste al Niño Jesús al Templo, así presenta las almas de nuestros hermanos difuntos delante del Padre celestial en la gloria del paraíso.

- ## MARTES Y VIERNES Misterios Dolorosos:

- ### 1° La agonía de Nuestro Señor en el jardín

Señor Jesús, por todos los sufrimientos que padeciste en tu penosísima agonía, concede a nuestros hermanos difuntos el perdón de todos los pecados que cometieron al no saber dominar su cuerpo.

- ### 2° La flagelación de Nuestro Señor

Señor Jesús, por todos los azotes que recibiste durante la flagelación, perdona a nuestros hermanos difuntos todos los pecados que cometieron al no saber dominar su propio cuerpo.

○ 3° La coronación de espinas

Señor Jesús, por los tremendos dolores que padeciste durante la coronación de espinas, perdona a nuestros hermanos difuntos todos los pecados de soberbia.

○ 4° Nuestro Señor carga la cruz al Calvario

Señor Jesús, por todos los sufrimientos que padeciste durante la subida al Calvario con la cruz a cuestas, perdona a nuestros hermanos difuntos todas sus infidelidades al no aceptar completamente tu santa voluntad.

○ 5° Jesús muere en la cruz

Señor Jesús, por los grandes sufrimientos que padeciste durante las tres horas de agonía de la cruz, purifica completamente las almas de nuestros hermanos difuntos y condúcelas a la gloria del paraíso.

- **MIÉRCOLES Y DOMINGO Misterios Gloriosos:**

○ **1º La resurrección de Nuestro Señor**

Oremos por nuestros hermanos difuntos, para que el Señor purifique sus almas de toda mancha de pecado y les conceda la felicidad eterna.

○ **2º La ascensión de Nuestro Señor al cielo**

Oremos por nuestros hermanos difuntos, para que puedan alcanzar la gloria del paraíso con los ángeles y los santos.

○ **3º La venida del Espíritu Santo**

Pidamos a Dios en favor de nuestros hermanos difuntos, para que el Señor borre de sus almas toda mancha de pecado y los lleve a la gloria eterna.

- ○ **4° La asunción de la Virgen María**

Oh Virgen María, intercede en favor de nuestros hermanos difuntos para que, mediante nuestros sacrificios y buenas obras, puedan conseguir más pronto la felicidad eterna.

- ○ **5° La coronación de María como reina del cielo y de la tierra**

Oh Virgen María, puesto que tú eres nuestra Madre y Reina, acuérdate de nosotros y de nuestros hermanos difuntos, para que algún día todos juntos en la patria celestial podamos alabar a Dios contigo y con todos los ángeles y los santos.

- **JUEVES Misterios Luminosos:**

- ○ **1° El Bautismo del Señor.**

Señor Jesús, tú que eres el Hijo muy amado del Padre, ten compasión de nuestros hermanos difuntos, a quienes regeneraste en las aguas del bautismo.

- **2° Las Bodas de Caná.**

Señor Jesús, por intercesión de la Santísima Virgen María, concede a nuestros hermanos difuntos, a quienes regeneraste en las aguas del bautismo.

- **3° El anuncio del Reino.**

Señor Jesús, tú que deseas que todos los hombres se salven, concédeles a nuestros hermanos difuntos el perdón de sus pecados.

- **4° La transfiguración del Señor.**

Señor Jesús, te pedimos que nuestros hermanos difuntos puedan ir pronto a la Gloria a contemplar tu rostro.

- **5° La Institución de la Eucaristía.**

Señor Jesús, concede a nuestros hermanos difuntos el perdón de sus pecados para que puedan acompañarte en el banquete eterno.

7.-Jaculatorias

(Se reza después de cada misterio y reflexión)

Oh Jesús mío, perdónanos a nosotros y a nuestro hermano(a), líbranos del fuego del infierno, y lleva a todas las almas al cielo, especialmente a las más necesitadas de tu divina misericordia.

Si por Tu sangre preciosa, Señor, lo has redimido, que lo perdones, te pedimos, por tu Pasión dolorosa.

Dale, Señor, el descanso eterno y luzca para él la luz perpetua. Que por tu infinita misericordia el alma de nuestro hermano(a) y de todos los fieles difuntos descansen paz. Así sea

8.-Salve

9.-Letanía Lauretana
(Recuerda sustituir por "Ruega por él o ella")

10.-Oración final

Como ya hemos visto, el rosario de los difuntos es el mismo rosario que solemos hacer los católicos, sin embargo, cambiamos la intención de nuestras oraciones en cada misterio por:

- La salvación de nuestro hermano.
- Los hijos de la persona que ha fallecido.
- Por su esposo o esposa.
- Por sus amigos.
- Por las animas del purgatorio.
- Por todos aquellos que les duele su partida.

También nosotros, los que nos quedamos en este mundo, nos duele y nos pesa la partida de un ser amado.

Pedimos a María Santísima que nos dé fuerzas para continuar y seguir orando por nuestra propia conversión también y la de nuestros seres amados.

ROSARIO DE LOS 7 DOLORES DE LA VIRGEN MARÍA

La Virgen comunicó a Santa Brígida (1303-1373):

"Miro a todos los que viven en el mundo para ver si hay quien se compadezca de Mí y medite mi dolor, mas hallo poquísimos que piensen en mi tribulación y padecimientos. Por eso tú, hija mía, no te olvides de Mí que soy olvidada y menospreciada por muchos. Mira mi dolor e imítame en lo que pudieres. Considera mis angustias y mis lágrimas y duélete de que sean tan pocos los amigos de Dios."

Para la siguiente oración no es necesario un rosario físico ya que ahora son **siete misterios**, en lugar de cinco, representando las **Espadas del dolor de María. Se reza un Padrenuestro y siete Ave Marías por cada dolor.**

Al unir nuestros dolores a los de María, tal como Ella unió Sus dolores a los de su Hijo, participamos en la redención de nuestros pecados y los del mundo entero.

Corazón de María, morada de pureza y santidad, cubre mi alma con tu protección maternal a fin de que siendo siempre fiel a la voz de Jesús, responda a Su amor y obedezca Su divina voluntad. Quiero, Madre mía, vivir íntimamente unido a tu Corazón que está totalmente unido al Corazón de tu Divino Hijo. Átame a tu Corazón y al Corazón de Jesús con tus virtudes y dolores. Protégeme siempre.

1.-Persignarse

2.- Acto de Contrición

Señor mío, Jesucristo, me arrepiento profundamente de todos mis pecados. Humildemente suplico Tu perdón y por medio de Tu gracia, concédeme ser verdaderamente merecedor de Tu amor, por los méritos de Tu Pasión y Tu muerte y por los dolores de Tu Madre Santísima. Amén.

3.-Padre nuestro

4.-Ave María (x3)

5.-Gloria

6.-Dolores
(Después de cada dolor se reza 1 Padre Nuestro, 7 Aves María y 1 Gloria)

- **Primer Dolor - La profecía de Simeón (Lcs 2,22-35)**

Qué grande fue el impacto en el Corazón de María, cuando oyó las tristes palabras con las que Simeón le profetizó la amarga Pasión y muerte de su dulce Jesús. Querida Madre, obtén para mí un auténtico arrepentimiento por mis pecados.

- **Segundo Dolor – La huida a Egipto (Mateo 2,13-15)**

Considera el agudo dolor que María sintió cuando ella y José tuvieron que huir repentinamente de noche, a fin de salvar a su querido Hijo de la matanza decretada por Herodes. Cuánta angustia la de María, cuántas fueron sus privaciones durante tan largo viaje. Cuántos sufrimientos experimentó Ella en la tierra del exilio. Madre Dolorosa, alcánzame la gracia de perseverar en la confianza y el abandono a Dios, aún en los momentos más difíciles de mi vida.

- **Tercer Dolor – El Niño perdido (Lucas 2,41 -50)**

Qué angustioso fue el dolor de María cuando se percató de que había perdido a su querido Hijo. Llena de preocupación y fatiga, regresó con José a Jerusalén. Durante tres largos días buscaron a Jesús, hasta que lo encontraron en el templo. Madre querida, cuando el pecado me lleve a perder a Jesús, ayúdame a encontrarlo de nuevo a través del Sacramento de la Reconciliación.

- ***Cuarto Dolor – María se encuentra con Jesús camino al Calvario***

Esta Madre, tan dulce y amorosa, se encuentra con su Hijo en medio de quienes lo arrastran a tan cruel muerte. Consideren el tremendo dolor que sintieron cuando sus ojos se encontraron.

María, yo también quiero acompañar a Jesús en Su Pasión, ayúdame a reconocerlo en mis hermanos y hermanas que sufren.

- **Quinto Dolor - Jesús muere en la Cruz (Jn 19,17-39)**

Contempla los dos sacrificios en el Calvario: uno, el cuerpo de Jesús; el otro, el corazón de María. Triste es el espectáculo de la Madre del Redentor viendo a su querido Hijo cruelmente clavado en la cruz. Ella permaneció al pie de la cruz y oyó a su Hijo prometerle el cielo a un ladrón y perdonar a Sus enemigos. Sus últimas palabras dirigidas a Ella fueron: "Madre, he ahí a tu hijo." Y a nosotros nos dijo en Juan: "Hijo, he ahí a tu Madre." María, yo te acepto como mi Madre y quiero recordar siempre que Tú nunca le fallas a tus hijos.

- **Sexto Dolor - María recibe el Cuerpo de Jesús al ser bajado de la Cruz (Marcos 15, 42-46)**

Considera el amargo dolor que sintió el Corazón de María cuando el cuerpo de su querido Jesús fue bajado de la cruz y colocado en su regazo. Oh, Madre Dolorosa, nuestros corazones se estremecen al ver tanta aflicción. Haz que permanezcamos fieles a Jesús hasta el último instante de nuestras vidas.

- **Séptimo Dolor -Jesús es colocado en el Sepulcro (Jn 19, 38-42)**

¡Oh Madre, tan afligida! Ya que en la persona del apóstol San Juan nos acogiste como a tus hijos al pie de la cruz y ello a costa de dolores tan acerbos, intercede por nosotros y alcánzanos las gracias que te pedimos en esta oración. Alcánzanos, sobre todo, oh Madre tierna y compasiva, la gracia de vivir y perseverar siempre en el servicio de tu Hijo amadísimo, a fin de que merezcamos alabarlo eternamente en el cielo.

7.-Oración Final

Ruega por nosotros, oh Virgen dolorosísima, para que seamos dignos de las promesas de Cristo.
Que interceda por nosotros, Te suplicamos, Señor Jesucristo, ahora y en la hora de nuestra muerte, ante el trono de Tu misericordia, la Santísima Virgen María, Tu Madre, cuya santísima alma fue atravesada por una espada de dolor en la hora de Tu amarga Pasión. Por Ti, Jesucristo, Salvador del mundo, que con el Padre y el Espíritu Santo vives y reinas, por los siglos de los siglos.

En el nombre del Padre, del Hijo y del Espíritu Santo.
Amén.

Séptimo Dolor
Jesús es colocado en el Sepulcro
(Jn 19, 38-42)

Made in the USA
Las Vegas, NV
09 November 2024

11361897R00063